AF253609

MARCUS ALLART

L'ÉLECTEUR

A SON RETOUR DE

CHISLEHURST

Tricolore et sa...
Montre-toi touj...

B...

SECOND TIRAGE

PARIS

LIBRAIRIE GÉNÉRALE

...NTRAL DES ÉDITE...

...VARD HAUSSMANN ET RUE DU HAVRE

BRUXELL...

OFFICE DE PU...

1873

Tous droits réservés.

UN ÉLECTEUR

A SON RETOUR DE

CHISLEHURST

MARCUS ALLART

UN ÉLECTEUR

A SON RETOUR DE

CHISLEHURST

« Tricolore et sans livrée
« Montre-toi toujours. »
BÉRANGER.

PARIS

LIBRAIRIE GÉNÉRALE

DÉPOT CENTRAL DES ÉDITEURS

72, BOULEVARD HAUSSMANN ET RUE DU HAVRE

VERSAILLES	BRUXELLES
CHEZ BERNARD	OFFICE DE PUBLICITÉ

1873

UN ÉLECTEUR

SON RETOUR DE

CHISLEHURST

Librement !.....

———

« La France vient de perdre sa REVANCHE VIVANTE en
« la personne de Napoléon III. C'est ce qu'on pense du
« moins, *dans plusieurs cours étrangères.* »

Voilà ce que dit le *Mémorial diplomatique,* journal
que son nom seul obligerait à une grande réserve.

De tout ce que j'ai pu lire sur la mort de Napoléon, ce
sont ces lignes qui m'ont le plus frappé. Il faut donc que
cette chose soit bien évidente et bien avouée, pour que
la diplomatie, d'ordinaire si prudente et si guindée,
l'admette ainsi de haute lutte?

Ces mots seuls ne seraient-ils pas faits pour payer
l'ombre des Napoléons de plus d'une basse injure?
qu'elle vienne de la République ou de l'Allemagne!

Ainsi le nom de Napoléon depuis le retour d'Égypte,
depuis le moment où la révolution *partout battue,* grâce
à l'incapacité et à la concussion de ses chefs, fut sauvée
par Bonaparte! ce nom : Napoléon est synonyme de
REVANCHE pour la France.

Et ainsi la France ! la malheureuse France viendrait de perdre SA REVANCHE VIVANTE ! ! Et elle serait désormais clouée comme Prométhée à sa défaite, et livrée, enchaînée et vaincue pour toujours, à ces vautours qui pourront désormais lui déchirer les flancs *sans crainte, comme sans pitié :* les parlementaires, les doctrinaires, et..... par-dessus le marché, les républicains *conservateurs et pétroleurs,* les penseurs et les humanitaires ! ! ces hommes creux, qui parlaient encore naguère de la REVANCHE LA PLUS ABSOLUE, et qui viennent aujourd'hui de se convertir *avec éclat* à la prétendue doctrine des sages.... ces sages contempteurs de Dieu, de la patrie, de Napoléon, de la France, de la gloire et d'Armand Carrel..... ces sages contempteurs, en un mot, de tout ce qui jadis faisait battre à tout rompre le cœur de ce qui peut-être a été la France ! !

Mais non, la revanche de la France n'est pas morte, et elle ne mourra pas tant qu'il restera un Bonaparte ou un Napoléon !

« Mon esprit ne sera plus avec ma postérité, le jour « où elle cesserait de mériter l'estime et la confiance de « la grande nation. » C'est en ces mots que Napoléon Iᵉʳ jadis accepta l'Empire !

Voyons donc si sa postérité a cessé de mériter *l'estime et la confiance* de ce qui a été, hélas ! *la grande nation !*

En 1815, l'Empire tombe à Waterloo, et Napoléon, les yeux mouillés de larmes, s'écrie en quittant la France pour toujours et en saluant une dernière fois ses rivages au cap de la Hogue : « Adieu, adieu, terre des braves ! « adieu, chère France ! Quelques traîtres de moins, et tu « serais encore la grande nation et la maîtresse du « monde. »

Et que devient cette France aux mains de ces hommes accablés de ses bienfaits, comme de sa gloire ?

Vont-ils au moins mettre leur habileté proverbiale au service de la grandeur du pays ? Vont-ils travailler à sa résurrection ? Laisseront-ils *passer une heure* sans penser *au passé*..... et sans préparer un avenir *digne de ce passé ?* Non, « *d'un trône à l'autre, ils vont vendre leurs* « *bras !* » Et la France, morcelée et vaincue, courbe toujours la tête au souvenir de sa gloire passée !

Mais qui donc relèvera la grande blessée ? qui lui fera porter haut encore cette tête inclinée ?

Sera-ce la République ? La République de 1848 peut-être ? Oh ! non ! La République, depuis le Directoire, s'est humanisée, ce n'est plus la République d'Isnard qui s'écriait : « Si nous n'avons pas fait un pacte avec « la victoire, nous en avons fait un avec la mort ! » et qui mourait en triomphant. C'est la République humanitaire..... *avec les ennemis ;* la République prudente.... *avec les ennemis ;* plus prudente même que tous ces rois sans nom qui ont succédé à Bonaparte. Elle met sa gloire à accepter les conséquences de la défaite de la France, elle veut dater de la France du Directoire, de la France de la Restauration, de la France de Louis-Philippe...... LA FRANCE CONTENTE ET BATTUE ! ! ! Elle veut bien inquiéter l'Europe, la braver, l'insulter même....... mais elle ne veut pas surtout la combattre. C'est le beau temps du beau Lamartine, de Cavaignac, du grand Cavaignac, ce général des bourgeois !

Mais la France à la fin s'ennuie de tous ces gens si timides et si plats..... *au pouvoir !* et qui n'enflent leurs voix que pour y arriver.

Elle les prend un beau jour au mot ; elle veut ce qu'on lui promet.... *elle veut compter encore dans le monde....*

elle sent bien qu'elle le peut.... elle veut quelqu'un qui le veuille, et elle vomit les parlementaires, les doctrinaires, les républicains et les penseurs ! Et qu'arrive-t-il aussitôt qu'elle s'est donnée encore à ces noms soit-disant maudits : *Bonaparte, Napoléon?* Il arrive que la revanche si différée de Waterloo arrive enfin ! Il arrive que la France reprend son rang dans le monde ! Il arrive que si son nouveau chef oublie trop les effets de 1815 au Nord, il ne les oublie pas du moins au Midi, et qu'il assure les frontières de la France du côté de l'Italie, de la manière la plus noble pour la France : en proclamant l'indépendance de cette Italie, leurrée sans cesse, surexcitée sans cesse par les bavardages arides de la République impuissante ! !

Voyez où les partis en sont aujourd'hui avec l'Empire? La prétendue légitimité lui reproche d'avoir créé l'unité italienne en détruisant le pouvoir temporel du pape, et d'avoir enfin laissé se former l'unité de l'Allemagne. Sont-ce donc là aussi les reproches des républicains? Pour Dieu, messieurs, mettez-vous d'accord..... Il y va du salut de la France cette fois, car nous allons un de ces jours combattre *pro aris et focis ! On l'oublie vraiment trop ! !* BELFORT EST LE SPHINX ! !

L'unité de l'Italie et la destruction du pouvoir temporel.... l'unité de l'Allemagne : voilà les griefs de la prétendue légitimité.... *Ces griefs existent donc !* La légitimité blâme ces choses, soit ! Mais la République? Qu'a-t-elle donc là à blâmer??? L'unité de l'Italie?... Mais il y a un temps où elle ne *parlait, parlait* que de cela. La destruction du pouvoir temporel du pape?.... Mais si c'est, au moins pour beaucoup, un moyen de contraindre le pape à rentrer dans le christianisme dont il n'aurait jamais dû sortir, n'est-ce donc pas pour les

purs, les penseurs, les forts de la République, un achè-
minement un peu trop doux il est vrai *(il sont si doux
avec leurs frères ! !)*, à la suppression de Dieu, cet in-
venteur malheureux de la probité et de la patrie ? ? L'an-
nexion de Nice et de la Savoie peut-être *(ces gens-là ne
comprennent, sans doute, que les cessions de terri-
toires !)* ? Ah ! mais oui ! ces annexions ne datent-elles
pas de la première République, de cette République dont
en effet vous ne revendiquez que les excès sans doute,
de cette République dont Bonaparte avait porté les frontières jusqu'au Rhin..... jusqu'à ce Rhin dont vous ne
voulez plus il est vrai ! vous qui avez HUÉ.... HUÉ
M. Victor Hugo à Bordeaux, lorsqu'il a cru devoir en
parler encore à la France abattue. Reste l'unité de l'Allemagne ? Eh mais, que diable ! pour les républicains de
1848, je leur dirai qu'elle s'est faite *sans compensation
aucune ;* n'est-ce donc pas là *la politique des temps nouveaux ? ? ?*

Mettez-vous d'accord, messieurs, encore une fois. Si
ce que reproche la légitimité est vrai, la République ne
peut pas trop se plaindre. Elle ne peut après tout que
se plaindre *à ses héros*, de n'avoir jamais su faire eux-
mêmes ces choses qu'ils affectent de ne pas compter
aujourd'hui, pour ne pas convenir *qu'elles se sont
faites sans eux, malgré eux !* Pauvres gens, pauvres
gens ! France ! France ! plus pauvre encore d'avoir de
tels enfants !!!

L'Empire sans doute n'a pas mené à bien toutes ces
questions.... Il paraît que la République, elle, résout
toutes les questions.... qu'elle pose ? Et en effet la *République française* ne nous disait-elle pas hier avec un
sang-froid magnifique en parlant de la mort de Napoléon III : « ON SAVAIT, PAR SON EXEMPLE, A

« QUELLES INCAPACITÉS LA FORTUNE PEUT
« LIVRER LES DESTINÉES DU MONDE. » Il règne
dans tout ceci une impudence et une outrecuidance un
peu trop fortes. Mais aussi pourquoi faut-il que l'Empire
vienne au secours de ces *impuissants bavards,* en se
défendant vis-à-vis de la légitimité d'avoir créé l'unité
italienne et détruit le pouvoir temporel du pape? L'Empire affecte de refuser d'accepter ce qui constituera sa
gloire la plus pure dans l'avenir..... pour plaire.... à
Henri V ! Et au xixe siècle ? Ce n'est vraiment 'pas la
peine d'avoir eu tant de voix,. pour garder tant de faiblesse ! ! Il semble vraiment que l'Empire veut supplan-
ter la légitimité. Quel jeu !!! Mais le pape est là qui s'y
prête ; il délivre des brefs aux brochures qui crient :
Vive le roi ! Il bénit son filleul : le prince impérial.....
et tout le monde est content..... excepté le pape qui
finit par se trouver..... dupé !! lui, *le pape,* dupé !!!
O xviiie siècle, voilà de tes coups ! Et puis voilà qu'a-
près avoir longtemps balancé, par crainte de *MM. Thiers
et de Rémusat,* on se décide enfin à Rome, à suppri-
mer *tout à fait* les jésuites ! Où allons-nous, mon Dieu ??
Ces temps-ci ne sont pas toujours tristes..... IL S'EN
FAUT !!! Et notre ennemi, M. de Bismarck, qui les sup-
prime aussi! Hélas! nous seuls restons *infaillibles et
immaculés* avec la justice et le droit..... de quelques
imbéciles battus et joués depuis le 4 septembre.

Et puis une chose sur laquelle tout le monde paraît
être d'accord..... c'est que l'Empire aurait dû s'occuper
un peu plus tôt de l'Allemagne..... POUR LA LAIS-
SER TRANQUILLE, car la guerre! mais..... *personne n'a voulu, ne veut* et ne *voudra plus jamais* de la
guerre !!! C'est bien entendu et fini pour toujours. La
légende est donc enfin enterrée ! la colonne renversée !

Soldats, soldats, tout est fini! c'est le cri de tout bon légitimiste, comme de tout bon républicain. « L'*Empire c'est la paix*, » s'écriait l'autre jour le journal qui naguère nous disait que la France avait eu trop longtemps la *folie du Rhin,* comme l'Autriche avait eu trop longtemps la *folie de Venise*, « oui, cette fois l'Empire c'est bien la « paix..... *la paix du tombeau!* » *La paix du tombeau de la France sans doute!* Heureuse bourgeoisie! Faut-il donc la troubler dans ses rêves de bonheur? Son Moniteur ajoutait hier, triomphant : « Enfin si jamais l'Em-« pire revenait, ce ne serait toujours pas *par Stras-* « *bourg?* » Il y a cependant plus loin, ô journal des *Débats* politiques et littéraires, de Nice et de Chambéry, que de Strasbourg et de Metz !!! Je ne sais si la bourgeoisie fera ce qu'elle appelle avec joie : *ses affaires!* en disant toutes ces belles choses ; mais on peut assurément dire qu'elle ne fera pas celles de la France! Et vous nous dites cependant que la France a perdu les CLEFS DE SA FRONTIÈRE! LES CLEFS DE SA FRONTIÈRE !! J'ai entendu dire autrefois qu'elle les avait aussi perdues en 1815! Et puis, peu à peu, l'on s'est calmé, *l'on s'est enrichi!!...* et la Prusse aujourd'hui occupe Metz et Strasbourg! Et les gens sages, les gens habiles, les gens fins, *les enrichis!* ont fait voter *une prolongation d'un an* au droit que s'était arrogé la Prusse victorieuse d'occuper notre pays! ce qui fait que nous ne saurons peut-être pas avant mars 1875, si LA PRUSSE LE VEUT, et grâce à vous, hommes avisés, ce que la Prusse compte faire DE BELFORT ??? Nous attendons tout maintenant *de la justice et du droit!!!* L'Allemagne *reprend* la conquête de l'Alsace faite sur elle par Richelieu! *Mais c'est abominable!* Un traité, *signé par les battus,* détruit le traité signé par les premiers battus. La roue de

la fortune tourne avec la prévision, le cœur et l'audace !
Mais c'est abominable ! Mais aussi vous n'avez plus
besoin d'armée, vous pouvez maintenant tout attendre
de la *justice et du droit !!!* Ce n'est pas à des gens
forts comme vous, à de petits Machiavels comme vous,
qu'on parle de ces questions de frontières faites pour
les niais. N'avons-nous pas vu comme ces questions ont
fait leur temps depuis que, comme vous le dites, nous
n'avons plus les clefs des nôtres !!! Mais, ouich ! vous
avez lu votre P.-J. Proudhon, ce n'est pas à vous qu'on
en compte : « La République ne veut plus d'armées. La
« question est toute économique : le bourgeois et l'ouvrier
« ne songent à autre chose ! » Comme s'ils pouvaient son-
ger à autre chose ! Ils ne savent pas ! Ce sont des inno-
cents ! Mais vous, les vieux routiers parlementaires, et
les jeunes normaliens, ces jeunes puits de science, allons, allons, laissez un peu vos grands airs de Catons !
et dites, en vrais Gaulois légers que vous êtes, que les
doctrines de P.-J. Proudhon ne sont pas autre chose
que celle de la *République conservatrice.* Vous êtes *en
religion, en morale, en économie politique* (OH! L'É-
CONOMIE POLITIQUE !!!), conservateurs des idées de
P.-J. Proudhon..... Il n'y a qu'une chose que vous ne
voulez pas conserver, que vous ne voulez pas préserver,
c'est la patrie !!! Mais c'est si peu de chose pour les
forts ! Dieu et la patrie, quelles niaiseries ! il n'y a que
le coton et l'opium pour les économistes, chacun
sait ça !!!

Et dire qu'il y a des gens qui trouvent les parlementaires, les doctrinaires, même les républicains conservateurs et pétroleurs..... bornés..... par leurs petits
intérêts. Bornés..... est-ce bien cela ? Oui..... *soyons
aimables!!!*

Si l'Empereur a eu un tort, c'est d'avoir voulu contenter tout ce monde-là. Mais c'est peut-être sagesse aussi, car enfin il avait tant de voix lorsqu'il consultait le pays, qu'il pouvait penser que tous les républicains et tous les légitimistes votaient pour lui!! L'Empire a peut-être laissé passer Castelfidardo pour les républicains..... *d'alors,* et été à Mentana pour les légitimistes et M. Thiers, le profond, le profond M. Thiers.... et aussi un peu sans doute pour M. Guizot, soyons juste, le profond, le profond M. Guizot!! qui disait qu'un seul pas du pape hors de Rome ébranlerait...... LE MONDE!! C'est vraiment bien la peine d'être protestant!! Pauvre France!..... voilà tes hommes..... *et l'on s'étonne après cela de nous voir si bas????* Le cœur et la tête nous en tournent! Comment tirer tout cela au clair?

L'Italie heureusement nous y aidera! C'était en effet à elle à trancher la question..... Il paraît que décidément elle est reconnaissante ..... de quelque chose apparemment..... Voulez-vous donc tous que ce soit à Bonaparte, à Napoléon seulement qu'elle soit reconnaissante? Mais comment s'y prendrait-elle donc pour l'être aux républicains..... sans les offenser en les mêlant..... A L'ÉLU DU SUFFRAGE UNIVERSEL??? Les légitimistes, je n'en parle JAMAIS. Ils sont trop majestueux, trop pompeux, trop convaincus, *trop diplomates* (ils sont tous fourrés dans la diplomatie)...... ils ont la foi!! Heureuses gens de croire a Pio nono!! Si Pio nono a perdu le pouvoir temporel, c'est qu'il l'a voulu. Pourquoi dans son encyclique du 16 avril 48 a-t-il refusé de *déclarer la guerre à l'Autriche,* lui qui avait su *si souvent la déclarer à la France?* Pourquoi s'est-il aperçu que son ministère sacré lui interdisait de faire la guerre, *seulement lorsqu'il fallait la faire en faveur de sa patrie??*

En jetant des violettes (la fleur des Cent-Jours!) aux pieds de mon Empereur, que j'avais voulu considérer pour la première et pour la dernière fois (je dis mon Empereur, parce que j'ai toujours voté pour lui, depuis le jour heureux où il m'a débarrassé du grand, du très-grand bourgeois Cavaignac), en jetant, dis-je, des violettes à ses pieds, je pensais à ces fleurs que lui jetait aussi l'Italie, à son entrée à Milan... après la victoire (car il n'a pas toujours été battu!). Et l'Italie, pendant ce temps, me répondait. A Milan, à Turin, à Venise on souscrivait pour élever un monument à Napoléon! Et ici les républicains ont renversé toutes les statues des Napoléons! Sommes-nous intelligents et vifs en France! C'est donc bien entendu, la reconnaissance ne doit aller qu'à lui! *Et à Naples cependant, le conseil municipal envoie une adresse à sa veuve!!* Mais non, nous n'avons d'yeux et d'oreilles que pour les promesses des républicains conservateurs, et nous apprenons, ébahis et charmés, que la fameuse commission a voté le *préambule de l'avant-projet de la première sous-commission!* Ah oui, combien nous sommes heureux de nous être débarrassés de ce coquin *qui a été battu à Sedan!!* ce lâche qui s'est rendu, et ne s'est pas défendu *à outrance* sous le feu plongeant *de l'artillerie en batterie tout autour de la ville sur les hauteurs qui la dominent,* comme le dit le général de Moltke au général de Wimpffen. Ah oui! tiens, parlons-en donc? Mais on dirait vraiment que vous ne vous êtes pas rendus, à Paris *et partout?* Et cependant, à Paris, j'ai lu dans le *Siècle,* le *Moniteur universel* de la république universelle, qu'à la fameuse séance du 4 septembre (relisez donc un peu vos hauts faits!), *vous aviez tous juré de mourir jusqu'au dernier!!* Et trois jours après cependant vous disiez à M. Thiers que vous ne vouliez que la paix ! Mais ce coquin de Napoléon n'a jamais juré cela, que je sache! Oui... c'est entendu, voilà son crime... il devait jurer cela et se rendre... C'est ainsi que l'on fonde les empires... et les républiques de carton !... Hélas! oui, nous ne voyons que trop où toutes ces belles choses nous ont menés. Qu'en résultera-t-il? et que conclure de tout cela ?

Les points qui restent acquis sont ceux-ci : L'Empire a créé l'Italie (que diable, messieurs, c'est l'Italie qui le dit, il faut bien l'en croire), pensez donc un peu en cette occurrence, je vous en prie, *à la justice et au droit,* vous qui en bavardez toujours. L'Empire a su se faire remettre par l'Italie les clefs de notre frontière des Alpes, et a *inauguré* ainsi, *autrement qu'en paroles,* notre revanche de 1815... *la première depuis 1815!!* Pensez donc, messieurs, à la justice et au droit d'un fait comme celui-là ?? Mais l'Empire en Italie a rencontré la question du pouvoir temporel, question que lui avait léguée *la République déjà conservatrice.* Le pouvoir temporel, voilà le POINT NOIR de l'Empire ! Et l'Allemagne autre point noir aussi. Deux points noirs qui n'en font qu'un. Mais ne sommes-nous donc pas tous en France de bons républicains, de bons bourgeois orléanistes , de bons légitimistes et de bons impérialistes... tous catholiques, apostoliques et ROMAINS ? Nous pouvons nous déchirer sur toutes les questions, mais sur la question catholique *il y a unanimité. Tout le monde est catholique en France !* Voilà le mal ! Il faut être CATHOLIQUE OU PÉTROLEUR, pas de milieu, voilà où nous en sommes, nous, après des révolutions qui ne se comptent plus ! Que dis-je? M. Langlois, un député, vient de nous expliquer, *et il a ma foi raison*, que les pétroleurs rouges sont aussi catholiques en France! Il faut avouer que nous vivons dans un bien singulier pays. Nous avons fait une révolution qui a chassé nos rois, surtout à cause *des crimes du catholicisme*... dont ils s'étaient faits solidaires; et voilà qu'une fois ces rois chassés, nous avons gardé ce qui nous les faisait chasser... *le catholicisme*. Les Anglais, eux, ont changé la dynastie et la religion; nous, nous avons changé la dynastie, et gardé la religion d'où venait *tout le mal*... afin *d'avoir du repos!* Aussi il faut voir comme tout cela marche!! Mais, bah! si nous sommes catholiques après tout, ce doit être la faute de l'Empereur. Pauvre Empereur... ne sait-on pas qu'il est tombé, *comme son oncle*, pour avoir osé toucher à la papauté! Oh! ma tête! *moi qui croyais qu'il l'avait maintenue!* Drôle de pays: l'Empereur, M. Thiers, les républicains rouges, conservateurs et pétroleurs, les légitimistes. M. Berryer, le grand Berryer, le grand Guizot, le grand Odilon, le grand Garnier-Pagès, le grand Dufaure, surtout les d'Orléans (j'en passe, et des meilleurs), toutes ces personnes qui ne passent pas pour être unies comme les doigts de la main... mettez-les sur la question catholique... aussitôt ils sont tous d'accord, tous bons catholiques... *on ne change pas la foi de ses pères!* On peut changer les rois..... mais on garde précieusement, *sans la réformer d'aucune sorte*, la religion d'où vient tout le mal..... Vous voyez cela d'ici..... comme tout cela marche bien, que c'est bien agencé!... Eh bien, à mes yeux l'Empire n'a eu qu'un tort, et il a entraîné tous les autres, et il n'en est pas responsable, puisqu'il est *convenu* que la France est catholique et qu'elle ne sait pas, qu'elle ne veut pas être autre chose, l'Empe-

reur n'a eu qu'un tort... c'est d'aller à MENTANA......
c'est à la suite de MENTANA qu'ont commencé les trou-
bles du cimetière Montmartre; c'est à partir surtout de
ce moment que les masses se sont séparées et désaffec-
tionnées de l'Empire, qui se les était amenées par la
guerre d'Italie. C'est à partir de MENTANA que l'Italie
s'est retournée vers la Prusse; c'est MENTANA qui est
venu détruire l'effet de la guerre d'Italie, en nous enle-
vant le seul *allié solide* que cette guerre devait nous donner contre l'Europe, toujours notre ennemi patent ou
secret depuis notre grande révolution. C'est MENTANA
qui a détruit l'effet de la guerre d'Italie, qui devait un
jour nous mener sur le Rhin et en Pologne!!! Jamais
on ne déplorera assez l'expédition de MENTANA...... Je
pense que M. Thiers va bientôt la recommencer..... il
voudrait du moins être en état de le faire, il l'explique,
il le dit, et..... cela fortifie, comme l'on pense, notre alliance avec l'Italie..... Ah! c'est que nous avons chez
nous des hommes d'État d'une force! tous catholiques et
croyants!... il faut voir cela... Pauvre, pauvre pays!
Il est convenu qu'on doit toujours rire de cette question...
et aujourd'hui que nous en crevons, qu'on me passe le
mot, car j'enrage, il est convenu qu'on en doit rire encore, AVEC TOUTES CES FORTES TÊTES ASSEM-
BLÉES!! Qui sait? ils sont peut-être devenus croyants!
à leur âge!! Pauvre pays, pauvre pays!

Eh bien, il faut que la chute de l'Empire nous serve
à quelque chose; il faut qu'elle nous serve à résoudre
cette question; il faut la résoudre en reprenant l'Empire,
il faut qu'il consente à être franchement ce qu'il est....
un révolutionnaire chrétien libérateur de l'Italie.... *et de
la Pologne plus tard.... l'un implique l'autre!* L'Empire,
qui a été et sera la transaction politique avec la révolu-

tion, sera la *transaction* religieuse avec le catholicisme.
Oui, Napoléon III a engagé l'Empire dans une voie pleine
de grandeur; le *Standard* disait l'autre jour très-bien :
« Napoléon III était un exalté, il a été le parrain de cette
« idée des nationalités. » Le parrain ! c'est bien dit. La
mère.... c'est la France ! QUEL BAPTÊME !!

Et il y a des républicains qui osent mal parler de Napoléon III ! Les légitimistes... je comprends, et ils sont
cependant, *jusqu'à cette heure*, très-convenables (toujours gentilshommes !). Mais les républicains.... décidément ils ne sont pas spirituels... ou plutôt, que dis-je?
ils sont trop fins... ils veulent cacher leur jeu... d'avoir
délivré l'Italie, cela ne suffit pas à la République conservatrice du coton... vous verrez qu'un de ces jours
elle ira délivrer la Pologne. M. Thiers, il faut s'en mé-
fier ; rappelez-vous ses prouesses de 1840 !!!!!

Suivons donc un plan, ayons donc une idée. L'Empire
reviendra, c'est certain, il l'a mérité ; jamais, depuis Napoléon Ier, la France n'avait été aussi riche, aussi glorieuse et Paris aussi beau (il faut voir Londres?). Il y a
eu sans doute des fautes de commises, nous l'avons vu.
Oui, on a trop cru M. Thiers, on l'a cru *pour le pouvoir
temporel,* on l'a cru *pour l'armée.* C'est, je crois, avec
Mentana, que M. Thiers inspirait, le plus grand de tous
les torts de l'Empire ! Mais préparons-nous donc à re-
prendre l'Empire comme des hommes qui savent ce
qu'ils font et ce qu'ils veulent. Il faut que l'Empire, qui
nous rapportera la gloire et la prospérité, nous apporte
aussi les bases de ces choses. Il faut que l'Empire, qui
est la transaction sage avec la révolution , qui est aussi,
nous l'avons vu, la revanche , nous apporte une réforme
religieuse plus urgente tous les jours. Il faut nous dé-
cider à aborder la question ; cette question tient plus

qu'on ne croit à la question de la revanche, qui ne pourra jamais s'obtenir qu'avec des alliances. L'Italie est là, elle nous attend ; mais, pour Dieu, laissons là le pape ! Je crois que nous sommes sur cette question dans une voie tout à fait fausse. Les pétroleurs nous ont un peu trop fait perdre la tête. J'entends dire ici : « L'inquisition avait du bon ! » Là : « On en arrive à comprendre la Saint-Barthélemy ! » Mais, il me semble qu'il serait plus court de dire tout de suite : « *Nous comprenons la Commune !* » L'inquisition, la Saint-Barthélemy, la Terreur, la Commune, tout cela c'est la même chose sous des noms différents. Consentons donc à examiner comment l'Angleterre a résolu la question. Il s'est passé justement chez nous quelque chose de considérable, qu'on ne remarque pas assez. Je veux parler du mariage du père Hyacinthe ! Voilà le commencement de la réforme religieuse, qui devra être une transaction avec la réforme du xvie siècle , comme l'Empire est une transaction avec la révolution ; le père Hyacinthe la prépare, son dernier discours m'a paru excellent. Ce qui rend désormais la secte catholique, telle qu'elle règne encore au Vatican, impossible avec la civilisation, c'est cette prétention à DAMNER ÉTERNELLEMENT tous ceux qui ne se font pas aveuglément ses adeptes. Le dogme est formel..... il s'agit toujours de la DAMNATION ÉTERNELLE !! C'est révoltant, et rien de plus. Personne ne croit à cela aujourd'hui. Pourquoi ne pas changer cela ? La religion n'en serait que plus respectée. Quant à moi, je m'éloignerai toujours d'une religion qui damne et persécute son prochain. Il n'y a que les Chinois, les païens qui pratiquent ainsi. Et je crois vraiment que Rome *ferait comme les Chinois, comme les païens... si elle avait la puissance !* Bonnes gens qui riez, on en a vu des exemples ! Lisez donc un peu, bonnes gens, et surtout *édifiez-vous* avec la presse du jour !

Voyez l'attitude de Rome avec le protestantisme : elle l'anathématise partout et toujours ; partout elle le damne... Cela, me direz-vous, n'a pas d'inconvénients bien sérieux. Mais si... puisque cela vous mène un beau jour à MEN-TANA, pour défendre des doctrines qui vous font mourir de rire ! Sortez donc de là avec dignité ! Une nation ne vit pas que de pain, que de luxe, et même que de gloire. Il faut que la morale sociale soit assise sur des bases que l'on puisse respecter. Le mariage des prêtres n'est-il pas aujourd'hui une chose jugée ? Pourquoi ne pas encourager simplement, applaudir l'homme vertueux et hardi qui a su le faire le premier ? Quant à moi, je le déclare, les impudentes et criminelles prétentions de la secte catholique me révoltent à ce point, que lorsque j'ai cru devoir aller rendre hommage à mon Empereur exilé, je me suis contenté de m'incliner devant son corps exposé, et que je n'ai point assisté ensuite à ses obsèques. Il est bien libre sans doute, me direz-vous. Et moi aussi, je pense, de ne pas entrer dans les églises d'une secte intolérante qui me damne et m'insulte comme hérétique, et a la prétention *odieuse de me forcer,* si je me marie, à faire mes enfants catholiques ; et qui insulte même l'Empereur *et le bon sens,* en venant nous dire aujourd'hui qu'il est peut-être mort *en état de péché à Chislehurst, bien qu'il y vécût très-retiré.* (Il est donc en purgatoire ou en enfer. Le purgatoire serait plus productif !)

Le catholicisme, parfois, semble s'humaniser : en 1848 l'infortuné M. Deguerry embrassait, à la tribune de l'Assemblée nationale, un prêtre protestant, M. Athanase Coquerel. Mais qu'importe au catholicisme, le plus ou moins de lumières de M. Deguerry ! LE DOGME EST INFLEXIBLE, c'est sa force, comme sa faiblesse, et ce n'est pas *M. Deguerry qui est infaillible !* Mais notre révolution nous a donné la liberté de conscience, nous pouvons en paix traiter aujourd'hui ces questions. *C'est l'usage de cette liberté qu'il faudrait préconiser et encourager.* Libre à l'Empereur d'être catholique ; libre à moi de ne pas comprendre qu'on puisse l'être quand on a l'esprit assez élevé, assez noble, pour aller délivrer l'Italie... au nom de la liberté, *je suppose ? Mais la liberté ce n'est pas le catholicisme.* Je vois ici les gens *très-forts* qui rient. Oui, je le sais, je suis un niais ; mais, hélas ! je me suis demandé cependant si c'était bien moi qui l'étais, lorsque j'ai vu ces gens prétendus *si forts, si habiles, si politiques*, pousser de toutes leurs forces l'Empereur à MENTANA, et que MENTANA a perdu *l'Empire et la France !* Et puis, MM. Thiers, Guizot, J. Simon, Dufaure, de Rémusat viennent faire les renchéris. Non, non, messieurs les académiciens, vous n'êtes pas à beaucoup près, aussi forts que vous voulez bien le croire ; car Mentana et l'Allemagne unies, sans une juste compensation pour nous, c'est là votre œuvre, et il est vraiment intolérable de vous entendre crier comme des aigles, et malmener et insulter ce pauvre Empire, qui n'en peut mais, et n'a jamais eu qu'un seul tort avec vous... celui de vous faire des avances, de vous consulter, de vous croire, et de préparer ainsi sa chute. L'Empire s'est fourvoyé avec les hommes de 1815, et il a eu grand tort... il devait rester avec les hommes de la révolution ! Oui ! ah ! voilà... les hommes de la révolution ! en voilà des gens pratiques, habiles et audacieux ! pourquoi donc Garibaldi, *le glorieux blessé d'Aspromonte,* n'a-t-il pas accepté le commandement de la commune de Paris, *avec le drapeau rouge?* C'est apparemment qu'il préférait les drapeaux tricolores italien et français, sous lesquels il a eu l'honneur de combattre, sous les ordres de Napoléon III. MM. Quinet et lui l'oublient peut-être un peu trop... veulent-ils donc courir la chance *du drapeau blanc*, pour la France, l'Italie et l'Espagne? Ah oui ! ils sont habiles les révolutionnaires: *ceux-là, rien ne les gêne ;* ils ne sont pas, eux aussi, assez bêtes pour s'occuper des questions religieuses... toutes les questions qui les gênent, ils les suppriment. En effet, pourquoi s'occuper de la papauté et de la religion? n'ont-ils pas décidé qu'il n'y a plus de Dieu ni de religion?... pourquoi s'occuper de la patrie? n'ont-ils pas décidé que le genre humain n'a pas de patrie? C'est d'une limpidité... est-ce bien limpidité qu'il faut dire? bast... on y mettra *assez le vrai mot !*

L'Empereur est mort, mais l'avenir de la France n'est pas mort avec lui ! Travaillons donc avec ardeur à préparer notre revanche, mais qu'elle soit à la fois : morale, politique et matérielle.

L'Empire se compose aujourd'hui d'un jeune homme qui va bientôt être majeur, et de sa mère qui doit le mener jusqu'au pied du trône, au bras du prince Napoléon, *gendre de Victor-Emmanuel, le roi galant homme ! Cette mère est Espagnole,* et elle a une grande réputation de bonté, de douceur ; que va-t-elle faire ? Mais j'ai dit qu'elle était Espagnole ; non, *elle ne l'est plus,* elle est Française ; elle sait, bien mieux que nous, ce que Napoléon Ier pensait de l'Espagne, la romantique et chevaleresque Espagne, qu'il avait, disait-il, délivrée de *l'inquisition et des moines !* Elle est Française sans doute du xviii^o et du xixe siècle, puisqu'elle est entrée dans une famille de révolutionnaires, la famille Bonaparte...

et qu'elle a épousé le plus élevé, le plus grand des révolutionnaires, celui qui disait à la France en allant délivrer l'Italie : « Elle est sainte aux yeux de Dieu, la
« cause qui s'appuie sur la justice, l'humanité, l'amour
« de la patrie et de l'indépendance. »

La veuve de Napoléon III sera fidèle à sa mémoire ;
elle, *la dépositaire de ses pensées*, elle sera fidèle à la
France ; elle sera la marraine des nationalités, puisque
Napoléon III en était, lui, le parrain ; lui qui a été si
bassement insulté et qui a tant souffert, et qui avait ce-
pendant apporté sur le trône les hauts sentiments que
Schiller aimait à donner à son marquis de Posa ! UN
ESPAGNOL !

Elle n'oubliera pas qu'il lui reste un empire, *l'empire
de la beauté !* celui dont Napoléon III ressentit à ses
pieds la puissance ; lui qui, plus heureux que lord Arun-
del, qui voyant sa maitresse regarder fixement une étoile
lui disait : « Ne la regardez pas trop, je ne saurais vous
« la donner », fut assez heureux pour mettre à ses pieds
son étoile : l'étoile de la Légion d'honneur ! Cette étoile
immortelle dont les rayons sont formés de l'âme des héros, disait Byron, accompagnait hier son époux dans la
tombe. Mais elle revivait hier aussi sur la poitrine de
son jeune fils ! cette étoile dont s'affuble aussi parfois
M. Thiers !

Qu'elle se rappelle ce que Chateaubriand disait de
Napoléon, à Sainte-Hélène : « Il dort comme un ermite,
« ou comme un paria, seul au bord d'un sentier désert.
« La grandeur du silence qui le presse égale l'immen-
« sité du bruit qui l'environna. *Les nations sont absentes,
« leur foule s'est retirée.* » Et qu'elle sache bien qu'on
ne pourra dire ceci de Napoléon III, qui en cela a reçu
la récompense de sa généreuse vie ; les nations ne se

sont point retirées, leur foule n'était point absente à ses funérailles, l'Italie et l'Angleterre se sont inclinées sur son tombeau ! Si l'on sait se tenir à la hauteur des sentiments que Napoléon III a su inspirer à ces nations, il y aura encore de beaux jours pour la France ! Si on les désertait, pour suivre les doctrines de Rome et ses pratiques, ce ne serait pas la peine de s'appeler Napoléon : un bourgeois, un Bourbon, pourraient suffire aux temps nouveaux, et la France ne serait plus que comme un de ces phares qui ont disparu dans la tourmente, et qu'invoque en vain le marin, prêt à périr entre la mer, Dieu et les étoiles !

J'en étais là, lorsque j'apprends que les princes d'Orléans viennent d'assister à la cérémonie expiatoire du 21 janvier ! *Tant mieux pour la France... si elle sait comprendre ce qui se passe !* Jamais événement ne m'aurait mieux expliqué, quant à moi, si j'avais eu besoin d'explications, pourquoi j'avais fait mon modeste pèlerinage. Le premier effet heureux de cette *amende honorable* de la famille d'Orléans, aux pieds d'Henri V et du drapeau blanc, c'est de réduire du même coup *à trois* les partis qui nous déchirent. La République et son emblême : *le drapeau rouge !* la prétendue légitimité et son *drapeau blanc ;* l'Empire et le DRAPEAU TRICOLORE, voici donc les trois partis qui vont désormais se disputer nos préférences.

Ainsi, l'Empereur mort, ils ont cru l'Empire mort, et ils ont voulu lui donner le coup de grâce !

Voyons donc où nous en sommes, allons maintenant au fond des choses. Ne cachons point notre drapeau dans notre poche, point de viles intrigues, point de viles ambitions, nous ne sommes point les gens du

Palais-Royal... nous sommes les gens d'Arcole, des Pyramides, de Marengo, d'Austerlitz, d'Iéna, de Magenta, de Solférino ! Tant pis ponr les républicains s'ils n'ont pas compris que c'était le souffle de Jemmapes et de Fleurus qui enflait nos drapeaux aux champs de Magenta et de Solférino.

L'AVENIR ET LA VICTOIRE SONT A NOUS ! ! !

Nous n'avons qu'un crime dans notre passé, c'est MENTANA...... Ah ! si nous savions l'effacer en tendant notre main virile au roi *galant homme,* à Victor-Emmanuel ? à son fils, au roi d'Espagne, Amédée ? ? ? Que deviendrez-vous donc, vous qui tendez la main aux Bourbons d'Italie, de Naples et d'Espagne *(ils étaient* TOUS *hier à la chapelle expiatoire!)* ?? à ces gens qui égorgent et tuent DÉJA en Espagne. Le curé Santa-Crux (le nom est heureux !) *fusillait* hier un vieil alcade qui ne pouvait lui trouver des vivres. Le curé Goiriena *fusille* aussi de son côté. Un général qui dit tenir son titre de Charles VII (heureux souvenir de Ferdinand VII !) déclare, dans une proclamation, qu'il *fusillera* tout ce qui ne se déclarera pas pour son roi. On se croirait vraiment à Paris, pendant la Commune ! ! ! Insensés, mais c'est la terreur et la mort qui sont au fond de vos jongleries hypocrites. Et nous n'en voulons plus de la terreur, que ce soit la terreur blanche ou la terreur rouge ! !

Mais nous avons aussi, outre notre crime : *Mentana !* une défaite dans notre passé,.. une lamentable défaite... SEDAN ! ! Est-ce donc bien à la République, est-ce donc bien à la légitimité à nous la reprocher ? *Qui ne marche jamais à l'ennemi n'est jamais battu !!!* C'est l'Empire seul qui a marché à l'ennemi depuis 1815... et il n'a pas toujours été battu ! Et lorsqu'il a été vainqueur, *il n'a pas été conquérant, il a été libérateur, il a été rédempteur, il a brisé des fers,* IL N'EN A POINT DONNÉ et ne s'est occupé que d'assurer nos frontières, comme une juste compensation de ce qu'il avait fait pour l'Italie ! Mais la République n'a rien voulu voir..... empestée par la haine, et les infâmes doctrines de P.-J. Proudhon, elle a oublié les grands rêves de la révolution immortelle... elle a tout ramené à de vils intérêts, *elle s'y est absorbée.....* Elle disait à la France que la gloire n'était qu'une *exploitation,* et elle devenait livide à toutes les victoires de l'Empire, oubliant que c'étaient aussi les victoires de la France et de ses principes immortels... immortels comme Dieu et l'Évangile, dont ils sont sortis... elle la nation rédemptrice des nations ses sœurs, comme le Christ l'était des hommes ses frères !!!

La République a tout fait pour empêcher le choc avec l'Allemagne, dont nous n'étions point l'ennemi, mais que nous ne voulions point laisser se former avant qu'elle ne nous eût RENDU, comme l'Italie nous avait RENDU nos frontières des Alpes, *les frontières du Rhin, les bouches du Rhin et de l'Escaut !!!* Oui, on peut tomber, lorsqu'on tombe sur un lit de mitraille et avec un pareil bagage !! Mais vous, depuis 1815, qu'avez-vous donc fait pour la France ??? Où vous êtes-vous exposés ? Où avez-vous vaincu pour elle ?? Vous avez *parlé, parlé toujours ;* vous avez insulté les Bourbons, revenus avec l'ennemi ; vous avez exalté les esprits avec l'idée de la revanche de 1815, et puis, joués par un intrigant plat et timide pendant dix-huit ans, vous n'avez su, lorsque vous l'avez chassé, que vous dévorer entre vous. Les soldats de la France, qu'en avez-vous donc fait ?? Vous avez prodigué le plus pur de son sang dans d'effroyables luttes civiles, *qui nous coûtaient sept généraux,*

égorgés par des fous, ivres de promesses stupides et
infâmes ; fous qui, bien dirigés, seraient morts contents
pour la France, pour sa grandeur et pour sa gloire, à
cette frontière que vous leur aviez montrée tant de fois...
avant de vous ranger sous cette bannière de Proudhon
rougie dans le sang des ruisseaux de la guerre civile,
cette bannière des penseurs athées et matérialistes !!
qui savent cependant la renier à temps, lorsque le canon
fauche leurs ignorants adeptes ; braves encore cependant, ces pauvres Français, égarés par votre majestueuse
et lâche imbécillité !!! Oui, vous savez la race intré-
pide..... et vous lui en voulez ! Elle aime la gloire.....
et vous lui en voulez ! Vous voulez lui apprendre les
choses honteuses, la soif du gain sordide, *la soif du
plaisir ignoble,* la soif du salaire toujours plus élevé.
Vous, vous *n'exploitez* pas les masses, c'est votre mot
honteux, sur les champs de bataille, pour la grandeur
de la patrie française ! Non, mais vous les *exploitez,*
en les payant *le plus mal possible,* dans ces bouges,
appelés manufactures, où vous n'avez pas même su
régler le sort des femmes et des enfants ! Vos héros
ce sont *les grands et les petits industriels !!* Eh bien, les
nôtres, ce sont : Hoche, Marceau, Desaix, qui, sur le
champ de bataille de Marengo, prêt à mourir, s'écriait :
« Dites à Bonaparte que je n'ai qu'un regret en mourant,
« c'est de n'avoir pas assez fait pour la gloire ! » Mais ce
n'était pas assez de tuer la gloire, la patrie, vous avez
voulu tuer la divinité. Vous ne voulez point que l'homme
invoque le ciel ou la gloire ! Vous ne voulez le voir in-
voquer que ce qui est sordide ! Mais de quelle couleur
donc est votre âme ??? Mais vous sentiez cette race
vous échapper, vous aviez peur qu'elle ne fût, malgré
vous, enivrée par la victoire ! Vous avez craint que l'Em-

pire ne fût victorieux en Allemagne !!! Ah oui ! *s'il était revenu d'Allemagne avec les frontières du Rhin ??* *comme il était revenu d'Italie avec les frontières des Alpes ???* Que seriez-vous donc devenus avec votre dévergondé langage ??? Dieu ne l'a pas voulu, *il a été dans ceci trop oublié ;* il fallait peut-être que Rome fût capitale de l'Italie.... avant que Bruxelles et Mayence ne fussent des villes françaises !!! Malheureux peuple, que faut-il te dire aujourd'hui, pour effacer l'effet de ces doctrines empestées, *qui t'ont plongé dans la guerre civile sous les yeux de l'ennemi ?* Aujourd'hui tu connais *la valeur* de ces chefs de hasard, qui insultent si aisément les vaincus..... ces défaites qui précédaient de si peu de jours les leurs ! ces hommes qui n'ont jamais rêvé pour la France que la plus basse soumission à ce qu'ils appellent le destin.... leur destin..... LA DÉFAITE !!!

O drapeaux du passé, si beaux dans les histoires,
Drapeaux de tous nos preux et de toutes nos gloires,
REDOUTÉS DU FUYARD,
Percés, troués, criblés, sans peur et sans reproche,
Vous qui, dans vos lambeaux, mêlez le sang de Hoche
Et le sang de Bayard,
O vieux drapeaux, sortez des tombes, des abîmes,
Sortez en foule, ailés de vos haillons sublimes,
DRAPEAUX ÉBLOUISSANTS !
Comme un sinistre essaim qui sur l'horizon monte,
Sortez, venez, volez, sur toute cette honte,
ACCOUREZ FRÉMISSANTS !

A cette bourgeoisie et à ce peuple de France qui se disputent depuis 1848 pour leurs salaires (ce peuple qui sera bourgeoisie demain, cette bourgeoisie qui redeviendra peuple aussi demain) faut-il donc essayer d'expliquer ce que c'est que la gloire ? la seule *religion* qui nous reste, depuis que nos penseurs ont découvert que nous ne sommes, après tout, que des gorilles comme eux !

Nous avons déjà vu des temps aussi sombres que ceux-ci ; en ces temps comme dans les nôtres, on avait vu la force armée (ce palladium de la patrie!) se corrompre. Qu'était-ce donc que ces gardes nationales dont les tiroirs de ma maison portent encore les traces du passage ! Qu'était-ce que ces mobiles qui ont mis à sac, *complétement à sac,* la maison d'un de mes amis ? Ils étaient les soldats de P.-J. Proudhon ! qui reprenaient la propriété volée ! ils étaient les électeurs, les soldats du 4 septembre. C'étaient ces soldats du Directoire auxquels Bonaparte, qui allait les conduire en Italie, venait dire : « Amis, je vous la promets cette conquête, mais « il est *une condition* qu'il faut que vous juriez de « remplir : c'est de respecter les peuples que vous dé-« livrez, c'est de réprimer les pillages horribles aux-« quels se portent les scélérats suscités par nos enne-« mis ; sans cela, *vous ne seriez pas les libérateurs des* « *peuples, vous en seriez le fléau ; vous ne seriez pas* « *l'honneur du peuple français,* IL VOUS DÉSA-« VOUERAIT ; *vos victoires, votre courage, vos suc-* « *cès, le sang de vos frères morts aux combats,* TOUT « SERAIT PERDU...., *même l'honneur et la gloire !* » LA GLOIRE..... vous l'entendez..... *la voilà!* LA VOILA..... *tout entière !!*

Mais qui donc nous sonnera le ralliement, nation déshéritée et presque perdue ?? Mais nos intérêts..... j'entends toujours ces mots.... *conservateurs.* Votre véritable intérèt, c'est d'être unis. On vous a dit : « *Cha-oun chez soi, chacun pour soi !* » Dites-vous tous : « *Tous pour un, un pour tous!* » Et la France est sauvée ! Que l'amour de la patrie et de la gloire soit

encore notre *religion*. Et puis, l'amour de la gloire, c'est
la religion, car la gloire c'est le désintéressement, c'est
le sacrifice. C'est le pauvre soldat qui meurt ignoré
pour son drapeau, l'image sacrée de la patrie en marche.
C'est le désintéressement de soi pour la patrie et pour
sa grandeur ; LA GRANDEUR MORALE ÉTER-
NELLE, quand on tombe pour la justice, comme pendant la guerre d'Italie !

Unissons-nous donc, pensons à créer *un gouvernement fort,* qui respecte et discipline la révolution ; rap-
pelons-nous bien que *nous ne ferons rien sans discipline.* N'ayons qu'un cœur et qu'une âme pour dire :
« Nous voulons vivre et mourir à l'abri des plis du
« drapeau tricolore, qui représente pour nous notre im-
« mortelle révolution de 1789 ! Nous voulons encore sa-
« luer ce drapeau, et lui dire ce que *disait Byron, un
« Anglais,* mort pour la délivrance de la Grèce : « O
« arc-en-ciel des hommes libres ! nos larmes et notre
« sang couleront pour toi. Si jamais ta brillante pro-
« messe s'évanouit, notre vie ne sera plus *qu'un far-
« deau d'argile.* Et les pas de la liberté sanctifient les
« silencieuses cités des morts ; et ils sont beaux dans
« la mort ceux qui tombent fièrement dans ses rangs ;
« et bientôt, ô déesse ! puissions-nous être avec eux
« ou avec toi ! » Et nous voulons, il nous plaît de
« confier ce drapeau à Napoléon IV, parce que
« Napoléon Ier, dont le malheureux fils est mort
« loin du trône, et Napoléon III sont ceux qui ont le
« plus fait pour la gloire de la France et pour sa
« prospérité bien entendue, *qu'ils n'en séparaient
« pas,* et parce qu'ils ont fait ces choses en déve-
« loppant notre révolution immortelle de 1789. N'est-
« ce donc pas sous le règne de Napoléon III que nous

« avons vu *le drapeau tricolore italien* s'envoler des
« plis *du drapeau tricolore de 1789 ?* N'est-ce pas à lui
« que nous devons de voir aujourd'hui *un sénat,* une
« chambre des députés siéger dans Rome ? la Rome
« papale du moyen âge ! séjour de toutes les hontes et
« de toutes les superstitions qu'ont maudites nos pères ?
« nos pères héroïques et malheureux, dont nous com-
« promettons, comme à plaisir, l'héroïque et malheu-
« reux héritage, par nos divisions insensées. Mais nous
« sommes unis désormais, et nous ne voulons plus re-
« culer. Nous voulons couronner notre révolution im-
« mortelle : MÈRE DE L'ITALIE, *mère de la Pologne*
« *demain !* si nous savons être unis avec nos sœurs
« l'Italie et l'Espagne, gouvernées toutes deux par des
« parents de Napoléon Bonaparte ! Voilà notre poli-
« tique à nous, enfants de 1789. Nous ne voulons point
« de cette politique du 21 janvier qui va essayer de
« restaurer le pape infaillible et de rétablir les Bour-
« bons et l'inquisition en Italie et en Espagne..... et
« peut-être chez nous ! toutes ces choses que la révolu-
« tion et les Napoléons ont détruites !

« Napoléon IV est jeune, il nous comprendra. Il
« aime la France, son premier mot a été pour elle de-
« puis la mort de son père ! Nous aimons la *jeunesse,*
« elle est bénie de Dieu ; elle nous a toujours porté
« bonheur, elle s'est appelée Jeanne d'Arc, Hoche,
« Marceau, elle s'est appelée aussi Bonaparte, elle s'ap-
« pellera Napoléon IV ! *elle est généreuse : elle saura*
« *que la clémence vaut mieux que la justice !!* Soyons
« *conservateurs.....* oui..... *conservateurs* de la
« gloire de nos pères, *conservateurs attentifs et vigi-*
« *lants* du territoire *un et indivisible* de son Empire,
« celui qui date du traité de Lunéville.

« Arrière les infâmes doctrines. Nous aimons Dieu !
« Nous aimons la patrie ! Mais nous ne croyons qu'à un
« Dieu indulgent, au Dieu chrétien de la *Réforme*,
« qui ne damne point sa créature et permet à ses mi-
« nistres de se marier, et qui ne veut point de vœux
« monastiques impossibles à tenir. Nous n'oublions pas
« que Napoléon le Grand ne les comprenait *que pour*
« *un an !* Les tribunaux ne nous démontreraient-ils pas
« tous les jours ce que nous devons penser sur ces
« questions, si nous ne savions à quoi nous en tenir
« depuis Voltaire et Rousseau, ces flambeaux du genre
« humain tout entier ? Nous ne voulons point revenir au
« moyen âge, aux jésuites, à l'inquisition, à la Saint-
« Barthélemy, au drapeau blanc. Suivons la voie droite,
« elle est toujours la meilleure. Ayons *une Église ré-*
« *formée dans l'État réformé*. Ayons la religion de la
« révolution qui ne peut pas être, qui ne doit pas être le
« catholicisme. Bonaparte disait qu'il avait *infusé* la
« révolution, dans nos codes. Qu'un Bonaparte *infuse*
« les idées modernes, la philosophie du xviiiᵉ siècle
« dans la religion. Soyons conséquents avec nous-mêmes.
« Plus d'hésitation ! Plus de faiblesses ! Plus de tor-
« peur, cette torpeur nous mènerait à la mort ! En avant
« pour la conservation de la patrie. De la fermeté et de
« la constance, et nous serons encore la France res-
« plendissante qui a été et sera, si nous savons le vou-
« loir, le flambeau du genre humain tout entier.

« Oui, nous voulons conclure. Nous allons couronner
« notre révolution. Nous ne nous donnons pas à un
« homme comme un bétail, mais nous nous mettons
« raisonnablement sous les ordres d'un chef dont la
« race nous a donné des garanties. Nous sommes fati-
« gués de tous ces bavards imbéciles qui, après avoir

« refusé des troupes au gouvernement, considèrent au-
« jourd'hui comme *une victoire pour eux la défaite de*
« *la patrie !* Nous voulons pour chefs ceux qui *pleurent*
« *vraiment* sur nos défaites, ceux qui en ont *vraiment*
« *souffert*, et non pas ceux à qui nos défaites servent
« de marchepied, pour nous montrer leur sotte et mi-
« sérable impuissance. Nous voulons d'ailleurs être con-
« sultés. Nous voulons, et c'est notre droit, puisque
« nous sommes en République, nous voulons voter sur
« la forme de notre gouvernement, C'EST NOUS QUI
« SOMMES CONSTITUANTS. Et si on nous vole
« notre droit, nous comptons sur l'armée pour nous le
« faire rendre ! L'armée ce sont nos fils, ils savent bien
« qu'en leur disant cela, nous ne leur demandons point
« de *pronunciamento ; non !* car nous savons combien
« notre armée, qui est l'honneur même, frissonne à ce
« seul mot. Mais voter sur la forme de son gouverne-
« ment, ce n'est pas un pronunciamento, loin de là :
« *c'est respecter la seule* base de gouvernement qui
« nous reste depuis 1789. Et si la République sortait
« jamais du scrutin, c'est que nous serions mûrs pour
« la République, et que ce ne serait plus la honteuse
« pétaudière du 4 septembre ! En attendant, le gouver-
« nement, sous la République, ne peut appartenir qu'à
« ceux qui osent affronter le scrutin. Comptons-nous,
« *c'est notre droit strict ,* et aussi notre devoir. Ne
« vaut-il donc pas mieux se compter que de se combat-
« tre ?? Nous en avons assez des vieux équilibristes dont
« la science à manier le balancier politique nous rap-
« pelle la vieille Mme Saqui entreprenant, à 75 ans, ce
« qu'elle appelait l'ascension du mont Saint-Bernard !
« Arrière, arrière les sycophantes qui n'ont jamais voulu
« de la guerre..... parce qu'ils craignaient que l'Empire

« n'en sortît victorieux ! Nous n'avons que trop ressenti
« les effets de cette politique des vieux et jeunes sages
« de la glorieuse République du 4 septembre. Arrière,
« arrière les vieux et jeunes sycophantes, ces *conser-*
« *vateurs de nos défaites*, du catholicisme, et de tout
« ce qui est vil et mauvais. Nous ne voulons pas *systé-*
« *matiquement* CONSERVER. Nous ne voulons pas
« d'une politique de momies! Nous voulons vivre au grand
« soleil, humer l'air, voir d'où vient le vent, examiner
« les questions, toutes les questions, et nous réformer
« s'il le faut, sans permettre cependant d'insulter *Dieu,*
« *la patrie et l'Empereur*. Nous ne voulons, nous ne
« pouvons pas croire que tout sera fini, parce qu'une
« bande, grâce à un coup de main, sans sanction, se
« sera emparée de toutes les places influentes de l'État.
« Et nous n'aurons jamais la sotte prétention d'endor-
« mir et de paralyser l'essor de toute une nation, en
« l'endormant, en la chloroformisant par nos vains dis-
« cours. Nous serons peut-être de l'opposition, mais nous
« serons en tout cas, de L'OPPOSITION AVANT
« TOUT DYNASTIQUE ! En avant, *Dieu le veut!*
« Dieu veut voir triompher les principes de 1789!! Il
« veut la gloire avec la liberté, *la force au service de*
« *la rédemption ;* il ne veut pas que la France recule,
« car si la France reculait.... le monde reculerait aussi.
« Rangeons-nous tous autour de Napoléon IV. Qu'il
« sache bien, seulement, pourquoi et comment nous le
« prenons pour chef. Nous sommes las des bavards,
« mais nous ne sommes pas las de la liberté. L'avenir
« de la France est dans une étroite alliance avec l'Italie
« et avec l'Espagne, nous le savons, nous le voulons.
« Nous nous donnons FIÈREMENT à des chefs que
« nous voulons FIERS pour nous ! Nous leur dirons ce

« que disaient les Aragonais aux rois d'Espagne : « *Nous*
« *qui sommes autant que vous, et qui pouvons plus que*
« *vous, nous vous faisons notre Empereur, notre chef,*
« *à condition que vous respecterez nos priviléges de*
« *1789*, sinon, NON ! »

Nous voulons voter ; à quand le scrutin ??? *Et la ré-*
volution disciplinée et réformée, poursuivant sa car-
rière, versera des torrents de lumière sur ses obscurs
blasphémateurs !!

En ces temps *heureux* où L'INCAPACITÉ RE-
DOUBLE D'IMPUDENCE, depuis que l'Espagne
ignorante : proclame la République, fraternise avec la
troupe, organise les ateliers nationaux et ARME
PARTOUT LES MILICES ! ! ! je me rappelle encore
ces vers du poëte anglais parlant de Napoléon Ier; ces
vers qui peuvent s'appliquer si bien aussi, à Napoléon III : « Vous, vous qui riez de ses misères, *vous*
n'égalerez pas ses crimes, car vous n'avez pas ses
vertus. »

Et je vois dans l'avenir, peut-être *demain !* l'Empire
venant porter en France *le drapeau tricolore*, tandis
qu'Amédée retournera en Espagne porter *le drapeau*
tricolore espagnol... car ce sont des *chefs-soldats* qui
doivent porter les drapeaux !... et non des petits bourgeois !... Français, Italiens et Espagnols, voulez-vous
donc que la France, l'Italie et l'Espagne ne soient plus
que des PETITES BOURGEOISES ???

Clichy. — Impr. Paul Dupont et Cie, rue du Bac-d'Asnières, 12.